VELOCIDAD INCREÍBLE

FIEBRE POR LAS MOTOS DE CALLE

De Craig Stevens
Traducción de Santiago Ochoa

Un libro de El Semillero de Crabtree

CRABTREE
Publishing Company
www.crabtreebooks.com

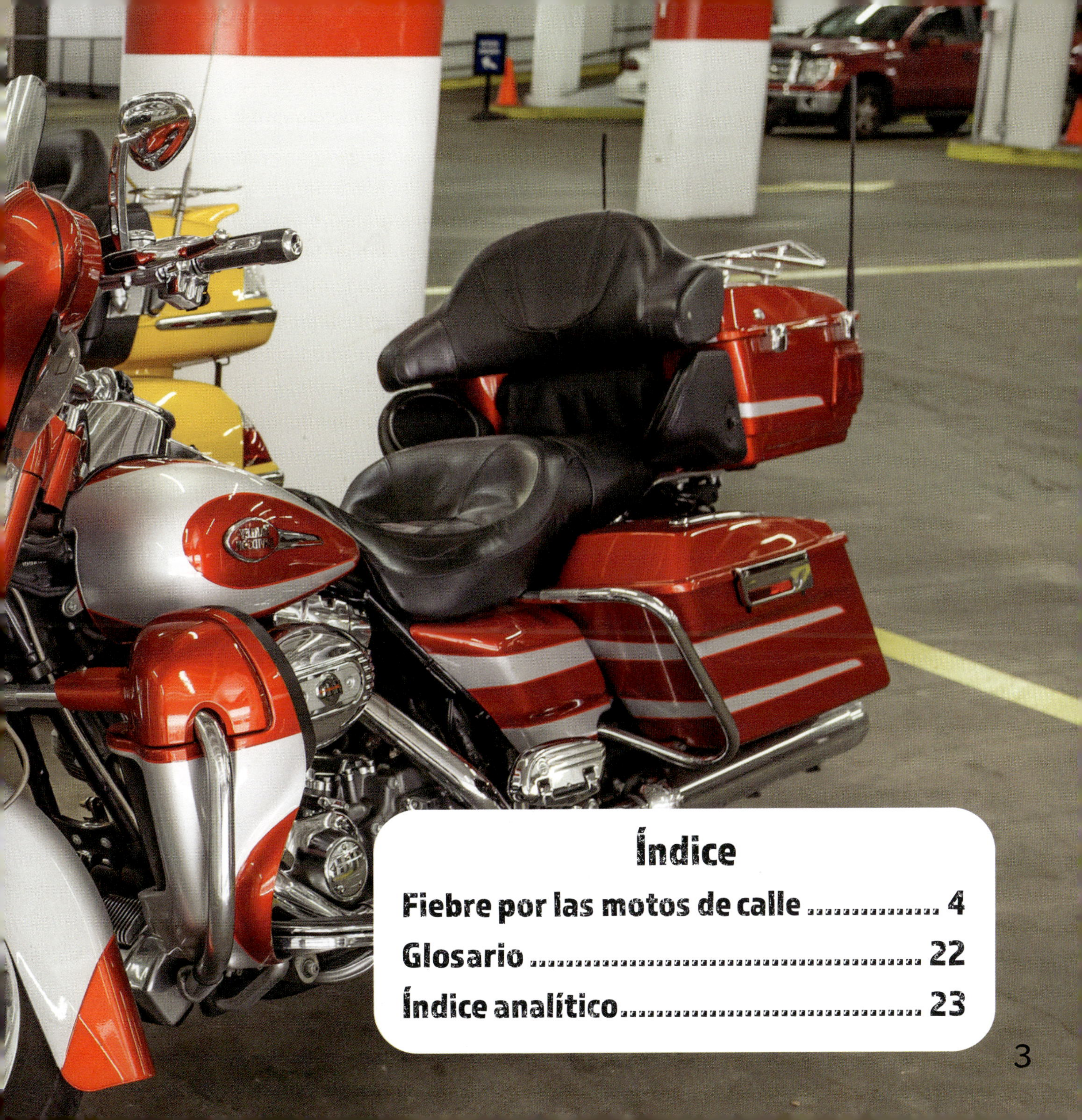

Índice

Fiebre por las motos de calle

Las **motos de calle** son una buena forma de moverse.

Son fáciles de estacionar y gastan menos gasolina que un auto.

La mayoría de la gente las usa porque son rápidas y divertidas.

Las **motos deportivas** están hechas para la velocidad y las curvas cerradas.

<u>tanque de gasolina:</u> Tiene capacidad para más de 4.4 galones (17 litros) de gasolina.

<u>asiento:</u> Espacio para el piloto y el pasajero.

<u>luz trasera de frenos:</u> Advierte a los conductores que vienen detrás cuándo reducir la velocidad o detenerse.

<u>escape:</u> Reduce el ruido de los gases de escape que se liberan.

manubrio: Para dirigir la moto; también contiene el espejo retrovisor y los mandos del acelerador (potencia) y del embrague para cambiar de velocidad.
faro y luces intermitentes: Para una conducción segura.
amortiguadores delanteros: Ayudan a que la conducción sea más suave al pasar por los baches.
neumáticos de calle: Buena banda de rodamiento para agarrarse a la carretera.
frenos delanteros: Para detener la moto.
motor: Grande y potente.

Una palanca de **embrague** y los engranajes se **acoplan** a la cadena para hacer girar la rueda trasera. Esto hace que la moto comience a rodar.

Algunas motos de calle tienen **compartimentos de almacenamiento.**

69
compartimento de almacenamiento

12V
km/h

Las motos de calle tienen **medidores** que muestran la velocidad a la que va la moto y la cantidad de gasolina que queda.

También tienen faros,
luces de freno
e intermitentes.

429B49

casco aprobado
protección ocular
chaqueta de cuero
pantalones largos
zapatos o botas sólidas